## CONTINENTES

# Norteamérica

Edición revisada

Mary Virginia Fox

capstone

Designed by Joanna Hinton-Malivoire and Q2A Creative

**Library of Congress Cataloging-in-Publication Data**
is available on the Library of Congress website.
978-1-4846-3871-2 (paperback)
978-1-4846-3876-7 (ebook pdf)

**Acknowledgments**
Capstone Press, maps 4, 5, 6, 8, 10, 12, 18, 20, 26; iStockphoto: amlphoto, 23; Newscom: ALEX CRUZ/EPA, 19,
JUAN CARLOS ULATE/REUTERS, 25; Shutterstock: Anton Foltin, 17, CristinaMuraca, 21, FloridaStock, 15, ixpert,
cover, Jason Patrick Ross, 27, Javen, 28, Liudmyla Alkhovik, 24, Lucky-photographer, 16, Marco Regalia, 13, Natalia
Pushchina, 7, posztos, 22, Rafal Cichawa, 29, Sylvie Bouchard, 11, Tom Roche, 9, turtix, 14, Yongyut Kumsri, 5

The publishers would like to thank Kathy Peltan, Keith Lye, and Nancy Harris for their assistance in the preparation
of this book.

Every effort has been made to contact copyright holders of any material reproduced in this book. Any omissions
will be rectified in subsequent printings if notice is given to the publisher.

Algunas palabras aparecen en negrita, **como éstas**.
Puedes averiguar sus significados en el glosario.

Printed in the United States          3882

# Contenido

# ¿Dónde queda Norteamérica?

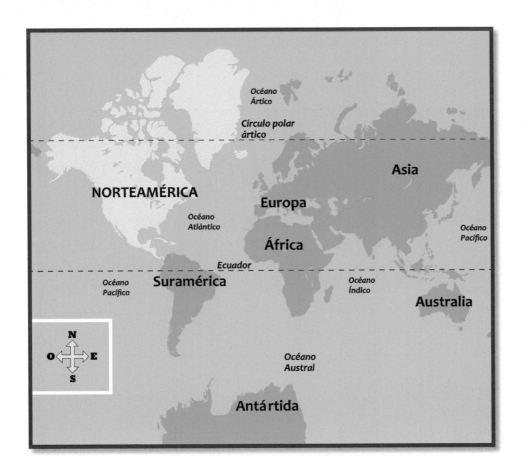

En el mundo hay siete continentes. Un continente es una extensión de tierra muy grande. Norteamérica es el tercer continente más grande. Se extiende hacia el norte más allá del **círculo polar ártico**. En el sur, una angosta franja de tierra conecta Norteamérica con Suramérica.

A ambos lados de Norteamérica hay dos grandes océanos. Al oeste, se encuentra el océano Pacífico. Al este, el océano Atlántico. Norteamérica tiene muchas islas. Algunas de estas islas pertenecen a países de otros continentes.

Groenlandia es parte del continente de Norteamérica, pero pertenece a Dinamarca, un país europeo.

▲ *La gran isla de Groenlandia se encuentra en el océano Ártico.*

# Clima

Norteamérica tiene muchos **climas** diferentes. En el sur, el clima es muy cálido y llueve con frecuencia. En el suroeste hay muchos **desiertos** calurosos. A lo largo de la costa oeste, el sol brilla la mayor parte del tiempo.

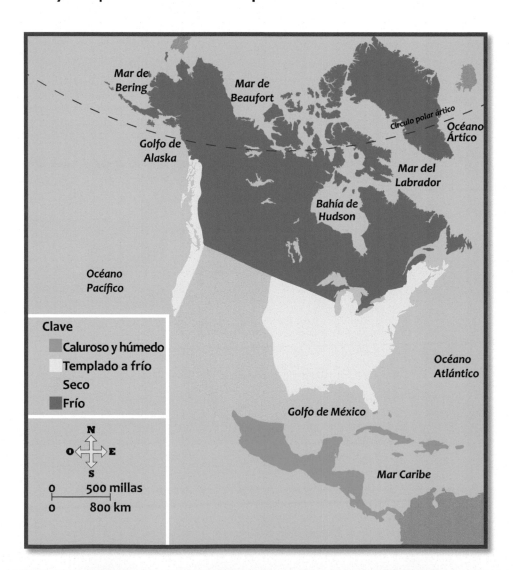

Mar de Bering

Mar de Beaufort

Círculo polar ártico

Océano Ártico

Golfo de Alaska

Mar del Labrador

Bahía de Hudson

Océano Pacífico

**Clave**
- Caluroso y húmedo
- Templado a frío
- Seco
- Frío

N
O E
S

0 — 500 millas
0 — 800 km

Océano Atlántico

Golfo de México

Mar Caribe

▲ *Esta tierra congelada está en el norte de Canadá.*

En las cercanías del **círculo polar ártico**, la tierra permanece congelada todo el año. La costa del noroeste es fría y lluviosa. Pero en casi toda Norteamérica, en invierno hace frío y nieva, y en verano hace mucho calor.

7

# Montañas y desiertos

A lo largo de la franja oeste de Norteamérica hay altas **cordilleras**. Las montañas Rocosas se extienden desde los **desiertos** de México hasta la helada Alaska. Los montes Apalaches del este son más antiguos y más bajos que las montañas Rocosas.

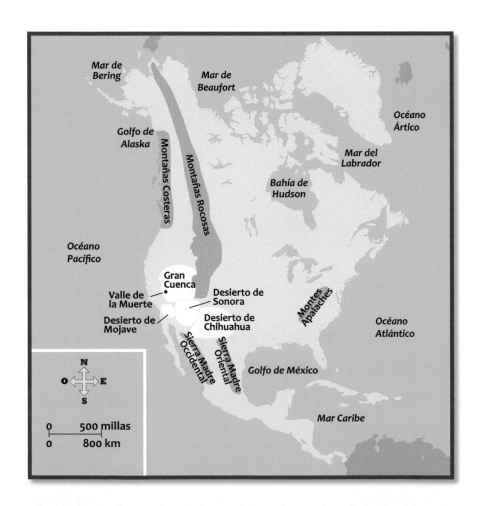

Este desierto seco y rocoso es caluroso durante el día y frío por las noches.

▲ *Éste es el desierto de Sonora, en Nuevo México.*

Hay muchos desiertos grandes en el suroeste de los Estados Unidos y México. El Valle de la Muerte es un desierto de California. Es el lugar más caluroso de los Estados Unidos. Allí, la temperatura ha alcanzado los 135 °F (57 °C).

# Ríos

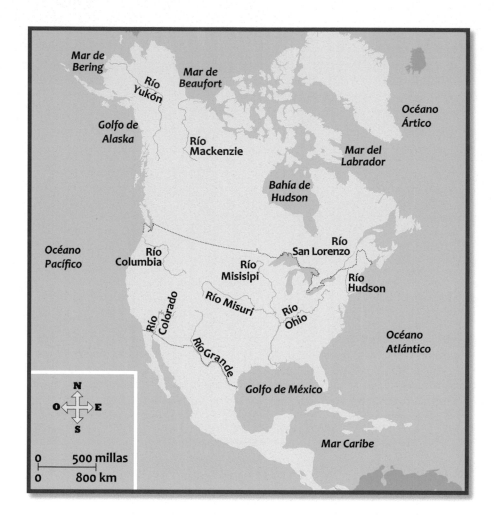

El Misisipi es uno de los ríos más importantes del mundo. Nace cerca de la **frontera** con Canadá. Luego, fluye hacia el sur atravesando el centro de los Estados Unidos. Otros dos grandes ríos, el Misuri y el Ohio, desembocan en el Misisipi.

El río San Lorenzo fluye hacia el este, desde los Grandes Lagos hasta el océano Atlántico. Grandes embarcaciones oceánicas pueden desplazarse por el río gracias a los **canales** navegables.

▲ *Los barcos navegan por canales en el río San Lorenzo.*

# Lagos

Hay cincos grandes lagos de **agua dulce** cerca de la **frontera** entre los Estados Unidos y Canadá. Se llaman los Grandes Lagos. Los lagos están unidos entre sí por **canales**, de modo que las embarcaciones de gran tamaño pueden trasladarse de un lago a otro.

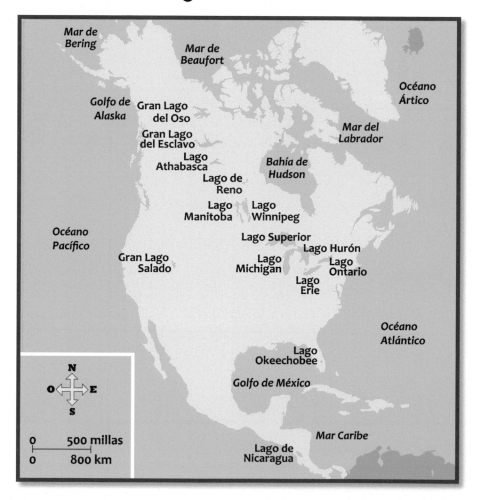

▲ *Éste es el Gran Lago Salado, en Utah.*

El Gran Lago Salado es un lago poco profundo que se encuentra en un **desierto**. Está situado en Utah, en el oeste de los Estados Unidos. Sus aguas son muy saladas. Los nadadores pueden flotar fácilmente en él.

# Animales

Millones de búfalos, también llamados bisontes, vivían en las verdes **llanuras** de Norteamérica. Águilas reales y pumas viven en las montañas del Norte. Caimanes y tortugas merodean los **pantanales** de Florida, en el sur de los Estados Unidos.

▼ *Estos búfalos viven en un parque nacional de Dakota del Sur.*

La mayoría de los búfalos vive en **parques nacionales**. Allí están a salvo de los cazadores.

▲ *Los osos polares viven en el Ártico.*

Los osos polares viven en la fría región del norte del continente. Los osos polares buscan peces entre las grietas del hielo. En el helado océano Ártico nadan ballenas, morsas y focas.

# Vegetación

Las secuoyas son los árboles más altos del mundo. Algunos alcanzan una altura de 367 pies (112 metros).

▲ *Estas secuoyas se encuentran en California.*

Las secuoyas gigantes crecen en la costa noroeste de los Estados Unidos. En Canadá y en el noreste de los Estados Unidos crecen arces. En primavera se extrae la **savia** del interior de estos árboles para hacer jarabe de arce.

Muchos tipos de cactus crecen en los **desiertos** del suroeste. Los saguaros son un tipo de cactus muy resistente. Necesitan muy poca agua para subsistir.

Los saguaros pueden crecer tan alto como un edificio de cuatro pisos.

▲ *Los saguaros se encuentran en México.*

# Idiomas

Los primeros pobladores del continente eran **indígenas norteamericanos**. Tenían sus propios idiomas. En la actualidad, sólo unos pocos indígenas norteamericanos hablan esos idiomas. La mayoría de los habitantes de los Estados Unidos habla inglés. También hay mucha gente que habla español.

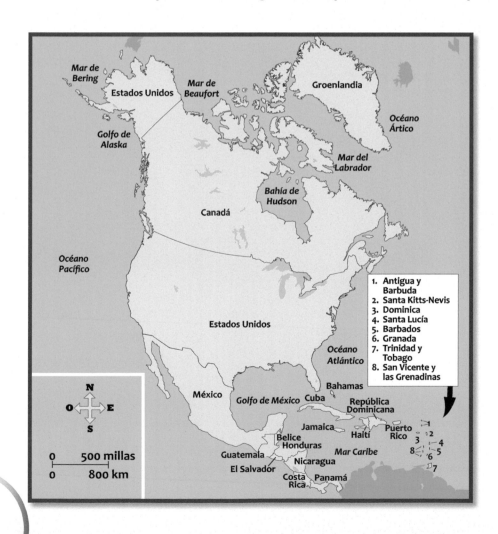

1. Antigua y Barbuda
2. Santa Kitts-Nevis
3. Dominica
4. Santa Lucía
5. Barbados
6. Granada
7. Trinidad y Tobago
8. San Vicente y las Grenadinas

▲ *Ésta es la ciudad de Oaxaca, México.*

El área que se encuentra al sur de México se llama Centroamérica. Allí, la mayoría de la gente habla español. En Canadá, algunas personas hablan francés y otras inglés.

# Ciudades

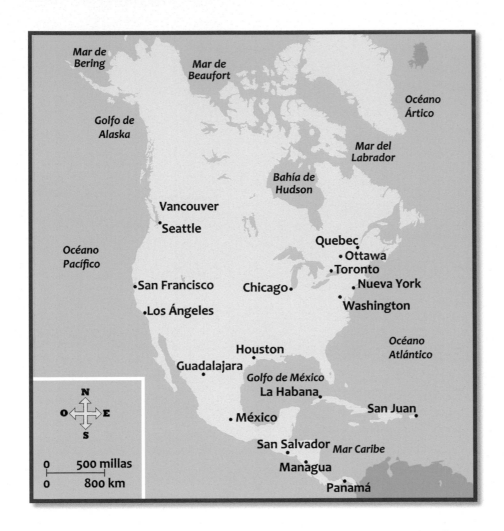

En este mapa se muestran algunas de las principales ciudades del continente de Norteamérica. Toronto, en Canadá, es una **ciudad portuaria** muy importante que se ubica en las orillas del lago Ontario.

Ottawa es la **capital** de Canadá. El **parlamento** canadiense se reúne allí.

En los Estados Unidos, la ciudad de Nueva York es una de las más importantes del mundo. Gente de todo el mundo la visita para hacer negocios o para divertirse. La ciudad de Nueva York es famosa por sus rascacielos.

▲ *En Nueva York hay muchos rascacielos.*

La ciudad de México es la más grande de Norteamérica. Es un importante centro de negocios. Hay muchos edificios modernos. También cuenta con muchas iglesias edificadas por los **colonizadores** españoles.

Bajo la ciudad de México yacen las ruinas de una antigua ciudad construida por los **aztecas**.

▲ *Este edificio está en la ciudad de México.*

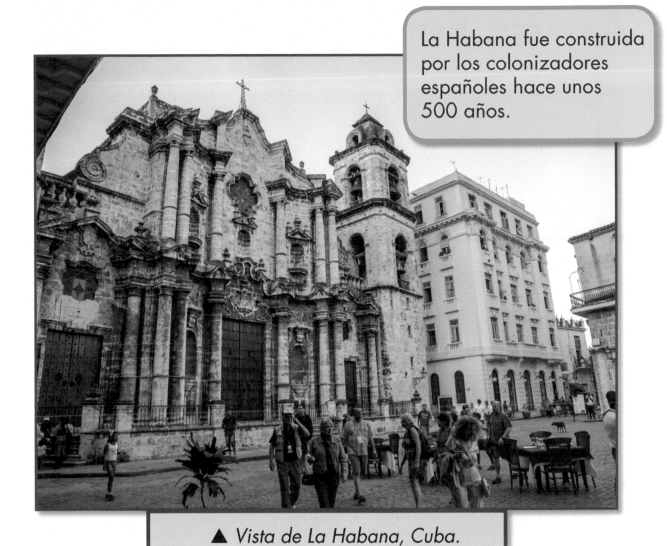

La Habana fue construida por los colonizadores españoles hace unos 500 años.

▲ Vista de La Habana, Cuba.

La Habana es la **capital** de Cuba. Cuba es la isla más grande del mar Caribe. La Habana es un alegre destino para músicos y cantantes de jazz. Cuba vende cigarros, azúcar, café y frutas a otros países.

# Áreas rurales

▲ *Los agricultores cosechan trigo en Alberta, Canadá.*

En Norteamérica hay muchos tipos de regiones rurales. En el centro hay **llanuras** cubiertas de campos de trigo. Cerca de las costas, los granjeros crían ganado. En los bosques de Canadá, los **leñadores** talan árboles para hacer leña.

En la costa del noreste se pesca bacalao y caballa. En los países del mar Caribe, el **clima** es bueno para plantar café, azúcar y plátanos.

▲ *Este hombre recoge plátanos en Costa Rica.*

El Parque Nacional de Yellowstone es el **parque nacional** más antiguo del mundo. Contiene cientos de géiseres. Los géiseres son chorros de vapor caliente que salen disparados desde el suelo.

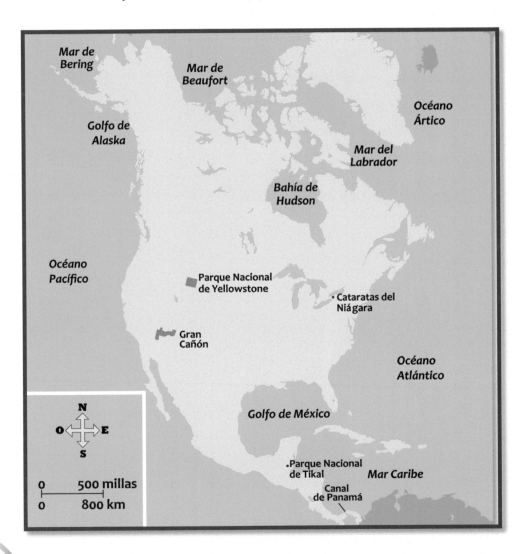

Mar de Bering

Mar de Beaufort

Océano Ártico

Golfo de Alaska

Mar del Labrador

Bahía de Hudson

Océano Pacífico

Parque Nacional de Yellowstone

• Cataratas del Niágara

Gran Cañón

Océano Atlántico

Golfo de México

N
O E
S

• Parque Nacional de Tikal

Mar Caribe

Canal de Panamá

0    500 millas
0    800 km

El Gran Cañón tiene 277 millas (446 km) de largo.

▲ *El Gran Cañón se encuentra en Arizona.*

El Gran Cañón es un valle muy rocoso y pronunciado que se encuentra en Arizona. Se formó hace millones de años por causa del río Colorado. El agua del río erosionó las capas de las rocas y formó este profundo cañón.

Las cataratas del Niágara forman parte de la **frontera** entre Canadá y los Estados Unidos.

▲ *Las cataratas del Niágara vistas desde Canadá.*

Las cataratas del Niágara son dos grandes cascadas. La cascada Americana se encuentra en los Estados Unidos, en Nueva York. La cascada Horseshoe está ubicada en Canadá. Los visitantes pueden acercarse en botes a las cascadas.

Los mayas vivieron en Centroamérica hace unos 800 años. Construyeron ciudades de piedra en los bosques; en el centro de esas ciudades había **templos** en forma de pirámide.

Los mayas tenían su propio sistema de escritura a base de símbolos.

▲ *Esta pirámide maya se encuentra en Tikal, Guatemala.*

## Ríos más largos de Norteamérica

| Nombre del río | Longitud en millas | Longitud en kilómetros | Nace en | Desemboca en |
|---|---|---|---|---|
| Misuri | 2,540 | 4,087 | montañas Rocosas | río Misisipi |
| Misisipi | 2,350 | 3,781 | Minnesota | golfo de México |
| Yukón | 1,979 | 3,184 | Canadá | mar de Bering |

## Montañas más altas de Norteamérica

| Nombre de la montaña | Cordillera | Altura en pies | Altura en metros | País o estado |
|---|---|---|---|---|
| Monte McKinley | cordillera de Alaska | 20,320 | 6,194 | Alaska |
| Monte Whitney | Sierra Nevada | 14,494 | 4,418 | California |
| Monte Elbert | montañas Rocosas | 14,439 | 4,401 | Colorado |

## Datos récord de Norteamérica

La frontera entre Canadá y los Estados Unidos es la más grande del mundo.

El lago Superior, ubicado en la frontera entre Canadá y los EE.UU., es el lago de agua dulce más grande del mundo.

El Gran lago Salado de Utah es más salado que los océanos.

Los ríos Misisipi, Misuri y Ohio se unen y forman el tercer sistema fluvial más grande del mundo, que tiene 3,877 millas (6,236 kilómetros) de longitud.

# Glosario

**agua dulce:** agua que no es salada

**azteca:** persona que vivía en México hace unos 500 años

**canal:** gran cauce artificial, lleno de agua, donde los botes y barcos pueden desplazarse

**capital:** ciudad donde cumplen su labor los dirigentes del gobierno

**círculo polar ártico:** línea imaginaria que rodea la Tierra en las cercanías del Polo Norte

**ciudad portuaria:** pueblo o ciudad con un puerto, donde los barcos llegan y desde donde salen

**clima:** conjunto de condiciones atmosféricas que caracterizan una región

**colonizador:** persona que se establece en otro territorio

**cordillera:** cadena de montañas conectadas unas con otras

**desierto:** área seca y calurosa, con pocas lluvias

**frontera:** línea divisoria entre un país y otro

**indígenas norteamericanos:** primeros pobladores de Norteamérica

**leñador:** persona que tala los árboles

**llanura:** área de tierra extensa y llana

**pantanal:** tierra pantanosa muy húmeda y llena de lodo

**parlamento:** término utilizado en algunos países para hacer referencia al grupo de personas que elaboran las leyes del país

**parque nacional:** área de tierra silvestre protegida por el gobierno

**savia:** líquido que está en el interior de una planta o árbol

**poco profundo:** que tiene poco fondo

**templo:** lugar construido para venerar a un dios o diosa

# Más libros para leer

Burr, Claudia. *Águilas, nopales y serpientes*. Planeta, 2004.

Geis, Patricia. *Pequeño sioux*. Combel, 2001.

Pohl, Kathleen. *Descubramos Canadá*. Gareth Stevens, 2008.

# Índice